HUNDETAGEBUCH

FALLS SIE DIESES BUCH GEFUNDEN HABEN, BITTE HIER MELDEN:

....

....

....

HUNDE INFOS

HIER IST PLATZ FÜR EIN FOTO

🐾 NAME: ....

🐾 RASSE: ....

🐾 ALTER: ....

DATUM

DATUM

DATUM

DATUM

DATUM

DATUM

DATUM

DATUM

DATUM

DATUM

DATUM

DATUM

DATUM

DATUM

DATUM

DATUM

DATUM

DATUM

DATUM

DATUM

DATUM

DATUM

DATUM

DATUM

DATUM

DATUM

DATUM

DATUM

DATUM

DATUM

DATUM

DATUM

DATUM

DATUM

DATUM

DATUM

DATUM

DATUM

DATUM

DATUM

DATUM

DATUM

DATUM

DATUM

DATUM

DATUM

DATUM

DATUM

DATUM

DATUM

DATUM

DATUM

DATUM

DATUM

DATUM

DATUM

DATUM

DATUM

DATUM

DATUM

DATUM

DATUM

DATUM

DATUM

DATUM

DATUM

DATUM

DATUM

DATUM

DATUM

DATUM

DATUM

DATUM

DATUM

DATUM

DATUM

DATUM

DATUM

DATUM

DATUM

DATUM

DATUM

DATUM

DATUM

DATUM

DATUM

DATUM

DATUM

DATUM

DATUM

DATUM

DATUM

DATUM

DATUM

DATUM

DATUM

DATUM

DATUM

DATUM

DATUM

DATUM

DATUM

DATUM

DATUM

DATUM

DATUM

DATUM

DATUM

DATUM

DOG
KINGS

Impressum:
Jonathan Kuhla
Tempelhofer Ufer 15
10963 Berlin

mail: jonathankuhla@gmail.com